AF619929

AYÜEIMI

AMO TU LUZ

Florencia Arauco
y
Taller Literario Virtual
"Anka Mapu"

AYÜEIMI

FLORENCIA ARAUCO, 2014

Colaboradores: **Taller de Literatura Virtual "Anka Mapu"**
Liceo de Ciencias y Humanidades de Pitrufquén

Dirigido por: **Vanessa Muñoz Durán**
Sandra Muñoz Saldías

Portada: **Margarita Huenulef (Guarda) Saavedra**
Profesora de Artes Visuales

Edición: **Vanessa Muñoz Durán**
Profesora de Lenguaje y Comunicación

Pitrufquén, Región de la Araucanía, Chile, Julio 2014

Porque tu alma busca justicia
y libertad,
porque ves lo que otros no ven.
Ayüeimi, mi inspiración,
para Cinthony con amor.

Florencia Arauco

Ayüeimi, es la palabra del amor.

El presente libro ha buscado su nombre entre múltiples conceptos, desde palabras ancestrales, pasando por lo indomable y lo moderno, cambiado muchas veces, hasta que un correo iluminador me trajo su nombre verdadero. Y es que sólo el amor es transversal y eterno, transforma personas, territorios y naciones. No podía ser diferente, no podía ser otra palabra.

De la misma manera existe una historia mapuche al sur del río Toltén, que también es una historia de amor y de respeto, porque hay unas tierras que no fueron usurpadas, no fueron transgredidas, sino un obsequio de un pacifista, el Cacique Paillalef, a la República de Chile, para fundar la ciudad de Pitrufquén.

Por tal motivo, los huincas que hemos nacido y crecido en estas tierras somos agradecidos. Amamos y respetamos a nuestros hermanos y hermanas mapuches, porque nos han guiado, nos han cuidado, nos han enseñado, y han sanado nuestras enfermedades por varias generaciones. La ñaña de mi amigo mapuche es también mi ñaña, y la amo de igual forma. Cuando me enfermo busco a mi Machi, cuando necesito consejo voy a mi Lonco. Y es que en esta tierra los chilenos somos champurrios más que huincas, y los mapuches son ahuincados, pero de buena manera, porque hemos adquirido sus costumbres, alimentos y tradiciones, porque bailamos el purrun con ellos en año nuevo, y vamos al guillatún mano a mano. Ojalá otros puedan aprender de esta historia de buena voluntad y respeto, del amor al prójimo que traspasa todos los territorios y todas las razas. Ojalá el hombre alejado del espíritu aprenda a respetar la cosmovisión mapuche, su humildad heroica y su devoción a la naturaleza, para el bien futuro de toda nuestra raza humana.

Florencia Arauco, Julio 2014

El Toltén

La paciencia y el río es nuestra vida,
y es mi vida canto de pasión y suerte,
vocación de sueños.
Pasa entonces una sola noche blanca
y amanece el canto como esteros
en dirección opuesta a la esperanza.
Se va la luz por los caminos sordos
mientras guardo en el alma un espíritu cálido,
tuyo,... como el corazón de todos los widüfe.
Una voz me habla y susurra, tierra,
alma, aguas y sangre de ancestros;
las moléculas del río guardan el
espíritu y la sangre de tu pueblo.
Entonces un grito se me atora en el estómago
y como espíritu malo salta, gime y me corroe.
Sé de qué me habla.
Las cruces se dibujan en el suelo con tierra y fuego
y me dicen espera, que ya vengo,
no me olvides, que ya vengo,
aguanta, que ya vengo.
Y siento que el poder de todas mis generaciones
se me ha quedado como una carga en la espalda
y ya no puedo levantarme.

Estoy confusa, estoy sin habla y ciega.
Me duermo cobijada en las llanuras del Quelén,
y me despierto escondida en el otoño que me atrapa,
la ruka repleta de gente que me arrulla,
llena de voces que me agarran en su miedo insaciable.
Entonces me escapo a mi bosque
para dormir bajo coigües y coligües,
y recoger en su brisa húmeda
los capullos proyectados de otros tiempos.
Doy vuelta mi rostro para oler las hojas en la tierra
para sentir de nuevo el espíritu, y entonces
el río me habla bajo el cerro, el río me habla bajo las raíces.
El río me pide protección y duelo.

widüfe : alfareros

ruka: casa

La Machi

Un sendero veo entre rayos de monte,
mientras tu figura morena, desprende
canciones de sanación y pumas, presencia
de chai chai y chao wenechen.

Entre revelaciones centellantes
hablándome en mis sueños,
apareces con el rehue y tu bandera,
un gesto paisaje de mi tierra.

He vivido años o siglos y cada mañana
amanezco con el cuerpo adolorido de nostalgia.
Un deseo de comprender tu historia
en cualquier momento de este tiempo.

Y busco en recuerdos la luz de tus ancestros
bajo anchos cielos bordados de araucarias,
Queule, Mehuín y Nigüe, aparecen en mis ojos
con sus arenas grises y cálidas.

Escucho voces de árboles sin sombra,
de sombras en bosques obscuros y siniestros.
Porque tu historia quedó por la eternidad en mi tiempo

y al encontrarte en el corazón del rehue
bajo el signo kármico del tiempo,
termina la noche sin rayos de aurora,
y el día gira en su ilusión de versos.

Entonces me asomo entre los cerros
con el vestido lleno de margaritas
en un azul pintado de cielo.
Huelo la tierra y recojo
aires de mentas, yanten y poleo
maitenes sagrados y romero
robando entre misterios las ramas del canelo.

Conocí tu espíritu aguerrido y tu sueño a corazón abierto,
porque forjas la unión de tu pueblo
y en la esperanza alimentas fortalezas.
¡Si el río muere yo muero! grita tu alma,
mientras el Toltén escuchando,
te baña con sus lágrimas.

Chai chai : padre Dios
Chao wenechen: Dios
Rewe: tótem ceremonial

El Niño Ancestral

Una belleza siento en tus huesos de araucarias,
cuando tu figura frágil, morena y aguerrida
emana estelas de senderos antiguos.
Escucho los genes de ancestros cantando
en el fogón de la historia no contada,
mostrando en imágenes ancestrales,
la historia de un pueblo maltratado.
He visto tus lágrimas cada mañana
sin sentir tristeza sino rabia.
La voluntad de cambiar tu historia,
ansias de reivindicar tu tierra,
sueños de wenumapu.
Y busco en tu corazón sabiduría
entre venas tejidas de mimbres y pitas ,
para que tu resistencia sea natural y sana
y la ejecución con respeto de todas las razas.
Entonces huelo tu sangre joven y airada,
trayendo al presente la energía guerrera,
sin embargo, en ti espero sabiduría
estandarte de un nuevo tiempo.

Admapu: justicia de la tierra
Wenumapu: la patria de arriba

El Quelén-Quelén

Emplazado en el plano del cerro
guardador del pueblo del Quelén
padre de trayencos, mawuisantu y menokos
habita poderoso el Toltén.

Y en aquella cadena de cerros,
vigilante abastecedor sin fin,
aún vive en el alma del copihue
la historia aguerrida del fortín.

Famoso por invencible,
nunca tomado, nunca fornicado,
se levanta de sus cimientos
bastión invencible de poder.

Tierra ancestral y ceremonial
madre de caciques, loncos y machis
hoy madre de fuertes langmien
nunca teñido de rojo el semblante.

Paillalef cacique gentil y dadivoso
humilde en su fortaleza,
compasivo en su conocimiento,

nunca llevado a la batalla.
Hombre de paz, entregó su tierra
y bajo los boldos que guían al río,
custodio plasmó su herencia.

koypu : coipo, animal que habita en el río
langmien: mujer

Arauco Azulado

En las noches de Arauco azulado
te busco madre protección eterna,
y sin embargo,
sólo encuentro el rugir de los volcanes
y el llanto gritado de los ríos.
Camino los senderos entre bosques
con aroma de hongos y changle
vertientes bordadas de helechos y nalcas,
maqui, coligues y luciérnagas.
Siento clorofila correr por mis venas
y bebo desde la tierra húmeda, su sabor
mineral, poderoso y dulce como las vertientes.
Sin embargo, el dulzor duele profundo
como el límite que el hombre dibujó
en la tierra.
He visto arrebatar con saña los miembros del bosque,
y extirpar con garras las venas regadas del río.
Ya no habitará el huillín ni koypu,
llegará el viento malo y el frío.

Koypu: coipo, animal que habita en el río

Mural, Margarita Huenulef (Guarda) Saavedra 2014

Tierra de Cenizas

Las noches oscuras hicieron fiesta bajo tus alas,
piadoso el monte cubrió de sombras la oscuridad.
En las tardes lánguidas que corren por el río
te escucho quejumbrosa de piedad.

Lloras las almas tiernas que se escapan por la vida,
que te dejan sola, que se van.
Entonces retorna un día nostálgica la historia,
una hija que regresa, una madre que llora,
y te haces dueña de un secreto más.

Ciudad de amores clandestinos,
de temores ahogados en el puente,
de llantos compartidos frente al río,
amanece tu día aparentemente el mismo,
mientras la vida fluye tentando la eternidad.

Viajé por la vida sin un rumbo renegando mi destino,
con mi estrella perdida en un bosque de mar.
Una noche, un día, un alma de cristal.

Perpetuo corazón de mármol,
sólo el pacto que trajo su mirada ya gastada

me habló en las cavernas de la duda,
gritándome, esperanza!, esperanza!

Y nació el sol en la llovizna humectante de desvelos
mientras tú, ciudad lejana y cercana
te hiciste padre y madre de aquella,
de esta secreta, mi nueva intensión.

Espero el día en que la dicha toda
te entregue desnuda de pudor,
para envolverte en los versos transmutados
del escapismo falso que ha sido mi dolor.

Ciudad obscura de vida larga,
de risas cortas, y surcos que hablan de tu alma.
Tierra que entierras y transmutas los dolores,
que escondes los deseos,
que guardas la esperanza,
te hago amor momentáneo como el viento,
falso como la historia,...espejo.

Pitrufquén: tierra de cenizas

Fe en el huinca.

Ha pasado ya el tiempo de denuncia
palabras ciertas de los antepasados,
hoy los niños hendieron su mirada
para dar a la esperanza una oportunidad.

El génesis emana su perfume silencioso.
Aquellos que hablan como yo hubiese gritado,
su voz cincel en la vida pasajera,
escultora en las conciencias que
se niegan a si mismas.

Me atrae la historia
hacia la inhumanidad de las limitaciones,
y apocalíptica me derramo
como una profecía más de mi machi amada.
Tengo un par de años que parecen cien.
Y es que la vida se ha ensañado conmigo
haciéndome vivirla toda de una vez!
¿Debo nacer y crecer mientras me trago
todo mi dolor?
Dolor de generaciones perdidas,
de decepciones ya sin nombre,
de fe en el huinca.

Me pregunto si después de tanto golpe
queda un poco de esperanza.
Me respondo:
La cordura crea puertos.
La justicia crea puentes.
La paz crea lazos sin fronteras.
El amor crea perdón y eternidad.

El hombre de madera.

Política, dinero, economía, egoísmo.
¡El mapuche se está ahuincando!
Me he preguntado muchas veces
por qué el hombre...
por qué el hombre...
por qué el hombre...?
Y sueño a mi pueblo despertando.
Entonces al preguntarme rescato legajos
de aquella nutriente pero lejana
esperanza.
Cuántas respuestas acuden
a mí ya gastada imaginación?
Soluciones no. Esperanzas no.
¡La vida no!
Entonces el hombre de madera
me habla y me grita aguerrido de fe.
La verdad es en sí misma y eterna,
la tierra seguirá siendo después de la limpieza.

El dolor de Ralco.

Me he confinado a un rincón de la muchas veces
vieja esquina del dolor.
¿Qué dolor? ¡El fracaso de vivir!
Me pregunto si he frustrado la vida, o es
que la vida toda se ha frustrado en mí.
Camino por el bosque y el espíritu me grita:
¡Guárdate tu tristeza tras la cubierta que el mundo
ha comprado para ti!
Entonces, con el pensamiento herido en la ruka
vienen las horas infructuosas del destino,
mientras la vida altanera me aturde y distrae.
¡Vida ficticia! Me pregunto si tan solo estoy
escapando de ti.
Traté de asimilarme en la vida del huinca,
Intenté atrapar sus valores y su vida, sin embargo
vivo el vacío ajeno que aprieta y revienta
mi hambriento universo.
Hoy descanso bajo las araucarias y veo
mi puerta atrapada en la nieve indigente
a la cual me condenaron.
Hoy me absorbe la mirada incierta del anciano,
que me cuenta de los años en que me volví senil.
Cien años más, cien luchas más,

y el universo entero se encuentra
en el mismo lugar.
Me pregunto por las noches frías, por los llantos,
por las palabras dichas.
En dónde estoy? En las mismas noches, en las mismas letras, en las mismas risas.
Cientos de años y el huinca no comprende,
el huinca no nos quiere. El huinca nos impone.
El agua inundó nuestras tierras y el espíritu
se fue de ella.
¡Hoy clamo por la esencia, como un loco,
clamo por la vida, como un loco!
Y busco la vida, con la vida misma en la locura.
Si he de ser insano por buscar,
entonces beso cada pie de toda insanidad!
Porque hoy tengo algo que decir. ¡No valgo nada!
¿Vale el hijo que vende a su madre?
Me acosa una tristeza que desde adentro
me condena a la nostalgia.
Nostalgia de la esencia, nostalgia de no aceptar
aquello que me han dado.
Entonces siento la rabia agolpada en mis ojos a punto de entrar por mi mirada,
y toda la frustración que vaga por mis venas se derrama.

Viene el mundo y me habla con su cara violenta, y resbala por mi máscara quieta.

¡Me acosan mis propias cadenas!

No puedo escuchar el agua, no puedo escuchar

el viento ni mi tierra.

Mis palabras son rebotes de ecos que han brotado de antiguas comparsas, de sueños que ya no llegan.

Teatros arbitrarios, arbitrarios significados,

significados insignificantes.

¡Absurda vanidad es la que aprieta, desvergonzada serpiente el pescuezo de mi dicha!

El afán de querer hacer sólo lo que quiero me violenta.

Tentadora libertad es la que brota y se revela ante el mundo que me acosa.

Tentadora libertad , mas no violencia.

Porque Mapu no quiere sangre sino agua,

no quiere pinos o eucaliptus, sino boldos,

coligues y araucarias, adornando cerros

bordados de maqui.

Árbol bueno que nutre la tierra,

hijo bueno alimenta la madre,

hijo bueno que honra los ancestros.

Pueblo Quieto.

Yo hablo y tu silencio revienta mi llanto desde adentro.
Un poco de llovizna y quedamos diluidos en el tiempo,
en la niebla que atrapa los sueños dispersos.
Un poco de sol y nos tienta la vida dialogando de nuevo,
hasta que otra vez, hasta que otro día se desata la tormenta.
Entre las luces escondidas de mi pueblo quieto
escucho declaraciones inventadas
para tentar ingenuo mi oído.
¡Es que no han sabido de la sordera que me ataca
tan añeja!
Los años han pulido dolorosos la traición punzante de
la soledad que arrastra, de la soledad que tienta el alma
por los sentimientos.
¿He de vagar por el sendero de la angustia larga del intento?
Hoy me pediste un discurso, un abrazo en palabras, y
en la mañana que aún no aclara
sueño tu refugio como única morada.
¡Y es que a tu niña le han roto las alas, y en las alas rotas se ¡ha ido mi alma!
Pueblo mío, insensatez la mía! Puede la muerte transformar en vida su destino?

"Mens agitant molem" ¿Aceptas que la puerta es válida

como quiera que sea abierta?

Es tan sólo el espíritu que mueve la materia.

Tan antigua palabra y sin embargo, debe esculpir en el alma del hombre materia más dura que el mármol.

Y es que no existe puerta abierta con violencia,

que no traiga dolor y muerte sin paciencia.

Dudo de mí, por tu contradicción que es mi convicción sin barreras.

We Tripantu

Fría cae la llovizna de estrellas en mis ojos,
gime el viento quejumbroso de luciérnagas.
Resbala la luna de mi noche sin sentido,
la luz agonizante de una estrella.
El agua del río me refleja cual piedra de luna
sobre sus rocas volcánicas.
Los mimbres y aromos resguardan
el baño frío del we tripantu.
Así comienza la madrugada del nuevo año
con el jarro de newen, muday y mate,
el primer purrun de la mañana,
la tortilla, el queso y el catuto.
El kultrún suena acompañado de pifilcas y trutrucas
Mientras la machi ruega y acoge el ritmo de Dios
en su regazo, en su mente y en sus pasos.
El espíritu del We Tripantu.

Certeza del espíritu.

Vida que rasguñas mis pasos,
maldad que aprisionas mis versos,
certeza en espíritu quiero!
Acepto. Cáliz, sudor de nacimiento
para ganar con la sangre de mi frente
el rescate de mi pueblo caminante y sufriente.
¿Nos convertirán en estatuas de barro
olvidadas en las reservaciones?
¿Nos convertirán en ceniza enterrada
bajo las raíces de pinos y eucaliptos
fantasmas de araucarias, raulíes y canelos?
En el borde de la crisis ganaré sabiduría,
y sabré el sabor del cáliz cuando caiga sobre mi!
Y si me levanto desde el suelo tembloroso,
sólo queda la certeza que caeré otra vez.
Pero la sangre es sangre cuando corre por las venas
y alimenta el espíritu,
mas sólo es un recuerdo que muere,
cuando se derrama.

La machi en la casa de gobierno.

Todo es un discurso..., tan sólo un discurso.
Me pierdo en los conceptos inventados por otras gentes
para desviarme en las falacias intelectuales,
como un espacio sin forma en las ilusiones del alma.
¿Puedo olvidar el lenguaje y trascender la razón?
Porque quiero limpiar mi espíritu en la mañana del río
y al salir del agua gélida recuperar el suspiro
en un tazón grande de lawen.
Ayon, clara luz de amanecida alimenta
las moléculas de mi kalül.
¿Puedo olvidar al menos el sentido de discursos
que en el verdadero ser no son?
Porque quiero escuchar en sueños a mi pellü
y al inche autoconsiente más antiguo,
impulso de vida.
Entonces siento el sonido de mi cordillera,
corriente de espíritu viviendo en los Andes,
y al wenumapu bajando por los ríos
como luciérnagas que cantan y
juguetean entre truchas y salmones.
La füta newen cósmica danzando entre la nieve,
gran energía refugiándose entre pellines y piñones.
El liwe, principio de vida que brilla

en la pupila de tus ojos,

me habla de mi pueblo vivo,

de la madre sabia, que alimenta

la lluvia y nutre los ríos

Entonces una ira me embarga la garganta y quiero gritar
mi pena y mi conocimiento, sin embargo,

mi puño se yergue airoso y golpea el rostro.

La energía de la violencia me violenta y

entonces quiero ser una machi pacifista.

Ya es hora. Haré mi discurso.

Lawen: hierba buena

Ayun: clara luz del amanecer

Kalül: soma, cuerpo que al transformarse regresa a las estrellas

Pellü: espíritu, piel nueva, yo superior y consciente

Inche: impulso de vida, yo consciente antiguo

Wenumapu: tierra de lo alto, la patria de arriba

Füta newen: la gran energía, energía cósmica

Liwe: principio de vida que brilla en la pupila de los ojos

La mano del guerrero.

He nacido alma atormentada.
Dime pasado, dime destino,
dime historia de toda mi historia,
¿Ha nacido el hombre sólo para morir?
La tierra rechaza la sangre,
el sol ha comenzado a gemir.

Madre Nuestra

¿Si los huesos de tu madre muerta no
dieras a los buitres,
entregarás tu madre viva a las aves de rapiña?
Huinca incomprensivo, ambicioso e indolente
tus parámetros de civilización no se ajustan a los nuestros.
¡Sólo pido un poco de respeto!
Nuestra cultura subsiste con sus propios códigos.
Siglos de lucha y de historia,
¿No vale el espíritu mucho más que el cuerpo?
Tú que quieres preservar la vida a costa del alma,
ahogando la tierra en valles de cemento,
permite que sus poros respiren a través de mi pueblo.
Pasarán las generaciones y en un mundo
cubierto de hierro recordarás nuestros gritos,
y huesos aferrados a los troncos ya secos,
vestigios quemados del que ha sido nuestro suelo.
Y llorarán tus hijos tu sed insaciable.
Y tus huesos calcinados llorarán desde el cielo,
con el llanto gritado del arrepentimiento.
Y arderá la garganta por el grito ahogado
que nunca pudieron gritar,
las voces calladas que conocen la verdad.

Hoy levanta tu mano con la mía
para cuidar esta madre que renueva la vida.
¿Porque el mundo enloquece nosotros debemos
enloquecer aún más?

Oscar

El pequeño niño dijo- Quiero contarte un sueño.

Un pueblo pequeño al fin del mundo nació sin mente y sin corazón,

sólo pudo imitar al resto del planeta.

Un día el hijo de un forastero nació con sentimientos, otro nació con corazón,

y otro nació despierto.

Entonces descubrieron las cercas que habían construido para vivir en su incapacidad,

y conocieron que eran una réplica de errores, de teorías gastadas,

de esfuerzos ya hechos y por otros pueblos desechados
El conocimiento trajo angustia y una gran rebeldía nació sus corazones.

Una rabia escondida. El sentirse traicionados por aquellos que debieron conocerlos.

Por aquellos que estando al borde de la cerca nunca advirtieron de ella.

No queremos ser replica! No queremos ser los últimos en imitar errores!

Queremos ser unicos y primeros!

Después del grito una pasividad se hizo gen en cada vientre.

Y cada uno nació con energía de ira en el estómago.

Arrancaron de las ciudades, se negaron a comprar,

se negaron a luchar por valores ajenos. Y se fueron.

Más allá, un poco más allá casi cayéndose del mundo
comenzaron a gestar un nuevo pueblo, una nueva raza,
un nuevo universo.
Y sólo hubo dos razas, los del fin del mundo
y el resto.

La señora

Con la cara apretada y ebria
venía una vez al mes al pueblo.
Un vestido largo y nuevo,
un delantal de flores rojas y azules
decoran un vientre abultado y viejo.
El hombre, que no es su marido la tira del pelo,
las gentes miran desde las ventanas y las puertas.
Entonces ella se vuelve furiosa y lo empuja,
el hombre yace en el suelo.
Ha quedado sola.

Consejo de la machi

Te observo mujer que entregaste tus días
engañada por falsos deseos.

Doloroso tu cabello se ha teñido de sueños,
y caminas tomada a su brazo
mientras tus pasos recorren el cielo... tú cielo.

Sonora tu voz está ausente de palabras
mientras lloran las estrellas escondidas
y el sol se apaga con todos sus secretos.

Mujer que caminas alucinada
por los estafadores de huellas y sendas,
despierta!

Aún es tiempo de estampar tus propias huellas.

Rewe de Cielo

Sobre el cemento húmedo de la plaza
pasean las contradicciones del hombre
con sus corbatas erguidas, siempre en movimiento,
el mismo vaivén en corbata o frac, con ternos o mantas,
con cintillos, lazos o sombreros.
Cuerpos huecos sin espíritu,
ropas sin olores propios,
mentes sin autonomía.
¿Por qué no arrancan un Volkswagen en zapatillas?
¿Por qué no corren de rodillas besando las flores,
inundando el césped de su olor?
La masificación diluye la esperanza,
y la desesperanza atrapa en su baúl la libertad.
Y veo los míos confundidos, con un dolor de guerra,
con un dolor de tantos años abusados,
de tantos tiempos ignorados.
Las sabidurías que se fueron quedando en el rewe,
se pudren con rabia en la ruca de la abuela,
y se esconden tras el fogón, el mate
y un canto nostálgico.
Entonces aparece el grito bélico confuso
cuando la realidad del alma es la libertad.

Aparece con la energía de una aurora plena
el canto verdadero de la machi.
Un espíritu de tierra y mar, de árboles y ríos
amables, solidarios y armoniosos,
como el espíritu de cada langmien.
Porque en todas las raíces al sur del río
crecieron los genes de su sangre,
y el espíritu de todos los suyos
antepasados y no natos.
Entonces en el trance, la tierra,
la bandera del Dios eterno.
Un rewe aparece desde mi recuerdo
y es de cielo.

Invencible

Mi cuerpo flota sobre los pensamientos
de aquellos que son míos y deambulan
por calles que no les pertenecen.
Mi pueblo lucha por metas ajenas,
y camina por los laberintos de una estructura
que nunca ha sido nuestra.
Y regreso, pero no en cuerpo.
Y regreso, pero no en sangre.
Regreso en el espíritu, fuerza de mi pueblo
para tomar el lugar que nos pertenece.
Cuidadores de la tierra.
Si supieran las naciones de la fuerza que nos une,
si supieran del conocimiento que nos hace únicos.
¡Si supieran!
Humilde alma la nuestra.
Invencible alma,
invencible sangre,
invencible espíritu.

El sueño de la machi

Una etapa más, y el paraíso reposa en el mismo lugar.
¿Qué gané?
Las noches tibias. Los llantos falsos.
¡Tantas palabras no dichas!
¿En dónde estoy?
En las mismas noches.
En las mismas letras.
En las mismas risas.
Espero el infierno se aleje de mí.
El abismo sembradío de claveles incoloros
rasguña una vez más la dimensión de la vida.
Y continúa la historia derramada en el hielo,
y en la piedra endurecida del tiempo.
El sol escondido tras la lluvia
humedece el sudor de mi frente desnuda.
Un cuarto amargo y loco emerge de un lamento.
Mi cielo adolorido se derrama con muday.
Es un sueño que se dilata en esperanzas mudas
mientras algo en el alma se desgarra quejumbroso.
¡La muerte verdadera!
Es el silencio eterno del no ser, que habita
sin dejarse mostrar.
Se han roto sin estruendos los esquemas de mi niñez.

Se ha roto la línea forzada de la falacia social.
Y ahora otros levantarán mi voz
cuando me quede muda.
Los veo como fantasmas, no veo las palabras.
Y la pesadilla duele,
mientras mi cuerpo flota sobre el guillatún.

Langmien en paz

Otra vez
te quiero silenciosa,
tibia y pura,
tiernamente fugaz.
Amo
tu vacío de silencio,
pues en el nada cabe,
nada ya!
Eres
sólo palabra en tu alma.
Eres
sólo existencia en tu paz.
Otras voces,
otros sueños
nada importan,
nada ya?
Aquí
estoy
por ser
sencillamente.
Aquí estoy
por mirarme y
ser completamente.

La identidad del pueblo

No sé cómo explicarlo.
Creo que me he adueñado de tus días.
Hice de tus sueños mis sueños,
de tus voces mis voces,
de tu destino ¡mi falacia!
Te hice mi esquema y danza
bajo el vacío de ser nada.
Me has prestado tus ojos
para ver el mundo
con un poco de esperanza.
Si veo tus manos manchadas de sangre,
veré mi alma cayendo en el abismo
con las almas de muchos pillanes.
Si veo tu espíritu en silencio volverse victorioso
veo mi alma yendo al cielo con todos los espíritus.

Ha sido y será la inteligencia de sobrevivir en las esferas importantes de la vida, la que aún provoca envidia.

La tierra es nuestra aunque no lleve nuestro nombre, y la araucaria es nuestra, aunque la corten.

Los cerros nos pertenecen aunque desnudos y sangrientos suden gota a gota la vejación del forastero.

En la unión hay fuerza, y la fuerza no es de manos que sangran y que aprietan, igual que la lucha
no es de sangre sino de espíritu.

Al pueblo que marcha

Marcharás de mi patio hermano en exilio,
marcharán tus miradas sin volver atrás,
morirá tu sonrisa caminante de sueños,
marchitarán tus manos sedientas de paz.

Porque abrazas sueños que nunca has soñado,
y hablas con palabras que nunca aprendiste,
porque lloras con llantos no tuyos,
yo te espero.

Con el ceño fruncido, con el alma frustrada,
un sueño se esconde en tu alma agitada.

Vivirás mientras tanto en mi mente sin vendas,
verás con mis ojos la lucha que está, reirá
en mis labios tu nueva sonrisa,
y serán en mis manos las tuyas,
buscando en mi suelo el canto y la paz.

Llanto

Llorando estoy tu cuerpo dormido,
tus manos quietas, tus ojos que me niegan.
Llorando estoy tu pose insensible,
tu risa triste de pasividad y miedo.
Así voy por la vida amor desnuda,
riendo riendo, llorando llorando,
riendo, llorando, como todos los mortales.
¿Despertarás un día gigante adormecido?
¿Labrarán tus manos, más que tierra el espíritu?

¡Reclamarán tus voces más que una tierra el cielo!
Y las manos mojadas de tu madre
que te espera con el vientre abierto.

Simple

Simple, simple, simple
como las hojas de una margarita,
la risa de un bebé,
el sonido de una vertiente.
Simple como las hojas del maqui,
los guarisapos que bailan a orillas del río,
el sonido de las mariposas blancas.
Simple como el olor del pino,
el olor a tierra húmeda,
a pasto y a lavanda.
Simple como un cuerpo sin tatuajes,
lóbulos sin aros, dedos sin anillos.
Cuerpo que huele a naturaleza.
Amo la vida simple,
las palabras simples,
el pensamiento simple.
Amo la esencia de vivir sencillamente.

Arauco Amado

Una noche robusta de estrellas
desgarrada sobre el río vigoroso
veo la luz del arcoíris caminando
hacia el pacífico nuestro y poderoso.
Siento el arte de Dios en todo lo que veo
y sin embargo, el hombre que no entiende
destruye lo inapreciable.
Cuantos reinos han luchado tu herencia y sin embargo
permaneces indómita tierra de Arauco.
Sobre las mesas los títulos, los dueños y el oro,
sobre ti la libertad del espíritu.
Doblegarte no han podido ni pueden
en camino de materialismo y muerte,
porque la supervivencia domina al individualismo,
y la fuerza de la naturaleza doblega
la estupidez del hombre.
Guardadores de la especie humana
en su espíritu valoran , porque la vida
es el agua del río, supervivencia
el fluir de la vertiente, y fuerza el árbol nativo.
El gesto simple ha sintetizado el conocimiento,
y en el vientre sencillo vive el universo.
Sangre derramada en la huerta y los pastizales.

Las atrocidades del hombre pasan
el hacedor restaura,
y todo sigue siendo una belleza.

El alma vieja

Parece que tengo un alma vieja, ella y yo compartimos la nostalgia.

Por la noches como niña de llanto la encuentro derramada.

Parece que tengo un alma vieja. Ya sólo le quedan las palabras!

Como aquel que ha vivido mucho y que ya no quiere nada.

Ahora, como toda alma vieja, esta dama me habla de esperanza!

Es que quiere ser perpetua en la nostalgia?

Parece que tengo un alma vieja, vieja sueña, vieja espera,

pero espera con causa...

Mi pueblo

Siento que la vida cambia.
"Todo cambia", canta Mercedes, y el ser
se desintegra como hojas de otoño.
Nuestros ojos se levantan y miran al universo
buscando en la inmensidad azul justificaciones,
responsabilidades y respuestas.
Ellos están allí, y esperan.

Mientras tanto, la vida en la tierra se arrulla a si misma
y se esparce por el tiempo para atraparse en capullos
que son otros, que son nuevos en árboles que eran
y que ya no serán.
El sol que pasó no será. El viento que pasó no volverá.
y como cambia el tiempo ha cambiado mi pueblo y
he cambiado yo.

Como pasa el tiempo he pasado yo, siendo autodidacta creador.
Comprendo. Mi pecado ha sido la impaciencia.
La falta de serenidad llevó mis pasos al desfiladero.
El falso saber llevó mis pies perdidos por los múltiples caminos
de un mundo que no es verdadero.

Vendrán las respuestas desde las lunas lejanas y les miraremos como dioses.

Como vimos a los huincas aceptaremos otros colonizadores?

Nuestra alma aún es un niño. Tenemos el espíritu dormido

castrando nuestra realización. Tenemos la mente drogada con aquello

que la raza humana ha inventado para sobrevivir.

Me pregunto si estos esquemas son de sobrevivencia o genocidio.

Te importa una cuenta en el banco o aquello que dejará grabado

en las almas de todas las generaciones después de ti?

Te importa poner tu nombre en la tierra o impregnarla del espíritu

que absorberán todos los espíritus después de tí?

No importa que hoy nada conozcas, llegará el tiempo de coger con sencillez

la alegría de quién supo gestar el gran regalo.

El discurso

Yo hablo y tu silencio revienta mi llanto desde adentro.
Un poco de llovizna y quedamos diluidos en el tiempo de
los sueños... dispersos.
Un poco de sol y nos tienta la vida dialogando de nuevo,
hasta que otra vez, hasta que otro día se desata la tormenta.
Entre las luces escondidas de mi pueblo quieto
escucho declaraciones inventadas para tentar ingenuo mi oído.
Es que no han sabido de la sordera que me ataca tan añeja!
Los años han pulido dolorosos la traición punzante de
la soledad que arrastra, de la soledad que tienta el alma
por los sentimientos.
He de vagar por el sendero de la angustia larga del intento?
Hoy me pediste un poema, un abrazo en palabras, y
en la mañana que aún no aclara sueño tu refugio como única morada.
Y es que a tu niña le han roto las alas, y en las alas rotas se ha ido mi alma!
Pueblo mío,... insensatez la mía! Puede la muerte transformar en vida
su destino?

"Mens agitant molem" ¿aceptas que la puerta es válida

como quiera que sea abierta?

¡Es tan sólo el espíritu que mueve la materia!

Tan antigua palabra y sin embargo, debe esculpir en el alma del hombre

cuya materia parece ser aún más dura que el mármol.

Dudo de mí, por tu contradicción que es mi convicción sin barreras.

El consuelo

Fría cae la llovizna de estrellas en mis ojos.
Fría resbala en mi noche sin sentido la luz agonizante
de una luciérnaga. Mientras gime el viento quejumbroso
un llanto de inagotable soledad.

Vida que rasguñas mis pasos, maldad que aprisionas mis versos,
certeza en espíritu quiero!

Acepto. Cáliz, sudor de nacimiento para ganar con la sangre de mi frente
el rescate de mi pueblo caminante y sufriente.
¿Nos convertirán en estatuas de barro olvidadas en las reservaciones?
¿Nos convertirán en ceniza enterrada bajo las raíces de pinos y eucaliptos
que reemplazan araucarias, raulíes y canelos?

¡En el borde de la crisis ganaré sabiduría, y sabré el sabor del cáliz
cuando caiga sobre mí!

Y si me levanto desde el suelo tembloroso, sólo queda la certeza
que caeré otra vez.

Pero la sangre es sangre cuando vive, cuando corre por las venas y

alimenta el espíritu,

mas sólo es un recuerdo que muere cuando se derrama.

La Raza Antigua

Vi una raza antigua que despertó desde la tierra.
En los años dormidos guardaron un mundo entero
y al nacer de nuevo, en la gran tierra, la guerra,
el bien y del mal en un cuento de fantasmas.

Están solos y perdidos como una mariposa patagónica
que busca entre bosques y truchas el ser de su vuelo.
Y no hay flores que conozca, no hay cielos coloridos y tibios,
no huele el aire a pasto y flores secas de verano.
Y es que le han cambiado el ambiente conocido y transformado,
y ya no es el bosque el abuelo que cobija,
ya no es la tierra que huele a vientre y a madre,
ya no es el rebaño el amigo que acompaña.

Entonces la raza herida con la sangre hirviendo muy adentro
protesta y se rasga las ropas, de la misma forma en que han despedazado
su alma.
Donde está la fuerza del hermano amigo, del conquistador hermano,
de la sangre mesclada que es parte ahora de su historia?

Escondiéndole los bosques, cortando sus flores y las alas de sus pájaros,

atando sus manos mientras asesinan su rebaño.

Y hablo de flores emocionales, la creación del espíritu!

La sangre y la cultura convertida en bosques y rucas,

el futuro forjado por sus intereses y costumbres que son las alas

de sus vuelos astrales.

Hay masacres que nacen y mueren sin daño,

hay masacres que aparentemente no han nacido y sin embargo

asesinan con impunidad y descaro!

Agárrense gentes con los interminables ciclones de fantasía!

Serpientes sociales que devoran sus carnes impávidas

La Cruz Verde

Veo la nube blanca sobre el pueblo, y
bajo su vientre una cruz verde, con dos brazos,
como si a cristo lo hubiesen sacrificado dos veces.
El sol llora lágrimas amarillas como gotas de luciérnaga
y proclama al hombre "sentimiento", sentimiento!
Entonces miles de lágrimas fluyen desde el cielo
como si un diluvio estuviese naciendo en el corazón
de un dios amante y por sus hijos derramándose.
¿Por qué permites tierra que tus muertos deambulen por las calles?

A n k a M a p u

Confines Celestiales de La Tierra

Taller de Literatura Virtual
Estudiantes
Liceo de Ciencias y Humanidades
Pitrufquén

Mariori Bravo Contreras (16 años)
Yenifer Vásquez Aburto (16 años)
Valeria Licanqueo Sepúlveda (17 años)
María Mansilla Antipán (13 años)

Las raíces y el Toltén

Yenifer Vásquez Aburto.

Junto a las raíces de chile,
un pueblo trabajador ;
los llaman gente de tierra,
guerreros que luchan con valor.

Cuentan que cuando a nuestro país,
los extranjeros arremetieron,
en la sangre de este pueblo sus cabezas bañaron;
y que con sus impúdicas manos,
las tierras ensuciaron...

Cuentan que en esos años el Toltén mostró su enojo.
Cuentan que prometió, que cobraría ojo por ojo...
Y que cada invierno sale, para demostrar soberanía,
para aclarar que aún no dominan del todo...
A nuestra Araucanía.

El mar Ayelén

María Mansilla Antipán

A finales del siglo XVII entre Pitrufquén y Temuco, vivía una familia mapuche que tenía una hermosa hija llamada Ayelén (alegría). Ella solía bañarse a orillas de un lago cercano.

Un día de fresca mañana primaveral, la joven escuchó una voz que venía de más allá del lago: "Soy un joven rey y estoy sólo en mis dominios, ven conmigo."

La joven hechizada por lo dicho decidió seguir al joven de reluciente vestidura y siguió la voz cautivadora. Ella no escuchaba los gritos y ruegos de sus padres que la llamaban para que no los abandonara.

Después de dos años y medio de lo sucedido, la joven volvió a visitar a sus padres. Ella vestía de vestidos de seda y usaba collares con incrustaciones de piedras preciosas: "No lloren por mí", les dijo. "Yo estoy muy feliz allá. Los visitaré con frecuencia, lo único que me falta es el cariño de ustedes. Tengo que marcharme".

El padre desesperado tomó fuerte la muñeca de su hija para impedir la partida diciéndole. "No te dejaré ir. Eres mi única hija."

La tierra comenzó a mecerse inoportunamente, la tierra donde se ubicaba la ruca de sus padres se partió en dos. Los padres de Ayelén cayeron junto con la ruca en aquel hoyo. La joven comenzó a llorar descontroladamente.

Se dice que el lago que pasaba por ahí se volvió un mar de lágrimas y que la joven se ahogó con su pena.

Enciende tu Küdell

Yenifer Vásquez Aburto.

Te he visto subir al cielo,
y hablar con el mismo antú,
te he visto mujer de trabajo,
no hay otra como tú.

Tu piel, cobriza y tostada,
tu sangre. Sangre de esfuerzo y valor.
He visto como trabajas por tu pueblo
sin sombra de duda ni dolor.

Mujer de sangre araucana
de noche enciendes tu küdell,
con él alumbras a los tuyos
y le transmites tu saber.

Desolación de las rosas

Mariori Bravo Contreras.

Necesito pensar que no ha acabado lo que se acabó.

Que nuestras costumbres no terminaron como el sol se empieza a esconder en su crepúsculo absoluto.

Pero no es así. Camino bajo la belleza del otoño, de los árboles desnudos con sus hojas marchitas, esperando abandonar sus ramas. Como los propios hijos dejan a sus padres sin evitar el paso del tiempo. El tiempo que nos vuelve viejos, la cuenta regresiva que nos presiona a seguir nuestros sueños y a lograrlos, y aquel que no los cumple, queda en la tierra... y es un alma insatisfecha, que deambula, vaga entre sombras y caminando sin rumbo definido.

Cuando pequeña, mi abuela celebraba cada año nuevo mapuche, y lloraba una vez culminado. Yo le preguntaba <<Abuela, ¿por qué lloras?>>" y ella me abrazaba, me miraba con su mirada perdida, me abrazaba y besaba mi frente para luego responderme lo mismo desde que tuve curiosidad por saber de sus lágrimas <<Lo sabrás cuando tu belleza interna se refleje a tal punto de convertirte en una de las mujeres más hermosas que nuestra madre tierra haya concebido>>. Me entregó un papel, que en esos tiempos era elegante, de amarillo ceniciento con un poema que no descifré hasta ahora, ya putrefacto, con las letras borrosas como mis ojos al llorar desde adentro, el papelillo decía:

Dulce niña, de ojos infinitos

Tu falda juega con el viento como hojas de otoño

Con aquel color indescifrable que se confundía con tu piel

Y allí, más arriba, tu sonrisa embriagadora a mi vista.

Futura madurez centellante y hermosa,

futura pasión encerrada en un cuerpo, nada más que un cuerpo.

Futura esencia saliente de lo más profundo de tu fuero interno, que con tu fuerza sanarás al más enfermo,

y que con tu hermosura confundirás a los más claros de mente.

Harás buscar a los presumidos la más profunda y oculta humildad para conquistarte.

Pero, ni la criatura más bella de este mundo amarás como la amas a ella.

Mientras esté ella, de tu lado, a tu lado, llamándote,

atrayéndote.

Y tú, tú te enamorarás tan profunda e irracionalmente de ella,

y no sabrás que lo estás, hasta que tu mente sea libre de tu cuerpo, y el fuego interno se desate de la manera más intensa, pasional y real, para que luego, con tus labios crueles y a la vez misericordiosos,

pronunciarán la palabra final a tu castigo,

castigo por rechazarla en un principio.

Lo que desatará el lazo de cuerpo y de alma, lo que la dejará en libertad,

Sin remordimientos, ni arrepentimientos.

Una vez tu verdad dada a luz,

Pensarás que fue por algo, por algo que nunca te habías dado cuenta,

Y luego, en tu último suspiro

A tu madre tierra, traicionada por tu casi eterna codicia. Dirás:

Muerte.

La carta no fue capaz de resistir mi ignorancia y envejeció junto conmigo misma, callé, me encogí de

hombros, y cerré mis ojos. Nuestras costumbres eran y son hermosas, pero ahora, duele ver como todo se derrumba, todo se desvanece como la neblina en un amanecer cálido.

Tengo ganas de volver a escuchar aquella lengua que quise aprender, aquel sonido que emitían las ramas al azotarse, sentir en mi piel el humo blanco y el aroma a las hierbas, ver a los niños sentados donde podían para escuchar las historias que yo escuchaba.

Hoy quedamos pocos de verdad, y saben a lo que me refiero. Sentada me encuentro observando el deteriorado umbral de la puerta de mi abuela, con su antes asombroso color turquesa y el típico, predecible y exquisito aroma del pan recién horneado que penetraba la puerta hecha de alerce, tan rojiza como la sangre que nuestros ancestros derramaron al protegernos.

Sostengo en una mano el fruto del otoño, las hojas amarillentas que he recogido esta tarde, en la otra un libro antiquísimo del cual ahora soy propietaria que tiene historias impresionantes traspasadas de generación en generación, lo acaricio y siento el pelaje que lo cubre, de un color crema y con manchas color gris por los años.

Tengo miedo, un miedo que atraviesa mi piel y que es capaz de atravesar hasta mis propios huesos. Y atacar mi alma.

Mi pecho desnudo y frío se enrojece. Me abrazo yo misma con mis propios brazos siento que se me acaba el tiempo para huir como una golondrina de este aterrador invierno, y lo haré.

Nadie está despierto y yo sigo sentada frente a una vieja casa, que por vieja tiene más historias que mil estrellas juntas.

Muchos pensaban que mi destino era ser Machi, pero aunque crean que no lo fue, eso no es cierto, uno crea su suerte y su propio destino, como también su propia tumba.

Quise que mi destino fuese distinto, quise tener la vida que siempre anhelé, una vida en donde uno sea libre de escoger lo que quiera. Y lo hice, la obtuve me transformé un mujer bellísima como mi abuela lo predecía. Pero nunca planifiqué sentir a la naturaleza tan fuerte como lo imaginaba, no planifiqué sentir el viento como dos manos que me desnudan y acarician cada parte de mi cuerpo ni sentir la tierra como un piso milagroso que nos da lo que necesitamos cuando lo necesitamos, ni sentir a la luna como mi hermana melancólica y sufrida por ver la maldad de la realidad, y al sol como mi hermano destinado a gozar de las bellezas que gracias a su calor existen

<< ¡Mami, papi te llama, dice que nos vamos! >> una voz dulce llama la atención a mis sentidos,

Es cierto, me convertí en la mujer más bella y de alma pura y digna de amar a la naturaleza como es.

También me convertí en una mujer afortunada, llena de amor por entregar a quienes amo.

Pero aún me quedaba para entregar, era extraño que aun mi esencia no se gastase, que quedara intacta, con el deseo en su punto máximo con ganas de placer, y solamente alguien sabía aquello aparte de mí, la madre tierra, que me proveía goce al sentirla que me dejaba esparcir, derramar mi esencia en ella, al inspirar tan profundo que duele la madre tierra impredecible, traicionera, pasional, que siempre conocí que siempre la tuve reflejada en mí y nunca me di cuenta de ello hasta ahora.

Ahora me he dado cuenta, ahora.

Después de tanto, en el atardecer de mi vida comprendo que ella siempre estuvo aquí, en mí, esperando a ser liberada, esperando a surgir de nuevo junto con sus tradiciones que con el tiempo se perdieron.

Los ojos de mi abuela se abrieron frente mío en mi espejo de plata, a pocos centímetros pestañeé dos veces para borrar la ilusión de ver a través de los míos los dos cristales de mi abuela, dos ojos que sí vieron los que yo nunca pude ni quise.

Me recosté en mi cama, sintiendo el peso de mil espíritus furiosos, alargué mi mano con el trozo de papel doblado en la mitad y lo dejé sobre el velador de bambú, cerré mis ojos y solté mis grises y cansados cabellos para que junto a mí descansen. Estaba en mi casa, mis hijos jugaban, mi marido los cuidaba... Y yo me dejé llevar.

Dejo esta carta para aclarar lo que ustedes no entienden:

Ayer, en la casa de mi abuela, en su funeral, cuando fuimos de visita, aunque me crean loca, sentí a la madre tierra tan excitadora sobre mí, atrayéndome, llamándome, y avisándome que siempre estuve equivocada, que siempre fui ella reflejada en una persona, y que lo ignoré, yo era ella, la naturaleza, la vida y ahora que lo sé, y que sé que aunque siempre los amé a todos, eso nunca fue suficiente, que para la madre tierra nunca es suficiente, que por eso antes que mi abuela muriera había llorado, porque no era digna de un cuerpo con tanta potencia que entregar, como yo, y que no éramos suficiente para que nuestras tradiciones sigan vivas. No lloré por pena, si no por impotencia, como mi abuela.

Sequen mis ojos, y déjenme dormida en el lugar más seco que exista. Los amo.

Su familia hizo caso a la madre, la sepultaron en el lugar más seco que existió. Aún muerta se supo que ella era la naturaleza misma, ya que en aquel lugar creció un sauce y cincuenta rosas rojas como la sangre que rodeaban a la difunta, que por rojas, hermosas y vibrantes no dejaban de estar llenas de la desolación en cada uno de sus pétalos, ese lugar se convirtió en el lugar más hermoso y triste que en algún lugar se hubiese visto.

Tú, Mujer Mapuche

Valeria Licanqueo Sepúlveda.

Tu piel morena brilla con el sol de la aurora,
tus ojos son como la noche con un firmamento estrellado,
tu cabello de color negro azabache está trenzado
por vivos colores,
tu boca produce unos cantos que hacen vibrar las aguas.
Tu lengua aglutinante acaricia al mapudungún,
tus manos prodigiosas son una fuente multifacética,
tus piernas son un vaivén infinito.
Tus pies descalzos tienen la dicha de recorrer tierras vírgenes
y tus atuendos es la moda que perdura.
Tu casa es un vientre de madre,
tu cocina placentera es fresca y nutritiva
tu danza es un gozo compartido.
¡Oh! tu espíritu es un cofre sin límites que ofrece cordialidad, sabiduría, valentía entre otras cosas a imitar.
Tú eres filantropía de la naturaleza
Tu que estás expuesta a la luz y a las tinieblas
Eres y serás una auténtica mujer mapuche.

El Primer Guillatún

Anónimo

Dice mi padre que en el año 1962, mientras él estaba trabajando en el campo fue invitado a un guillatún.

Muchas comunidades llegaron en poderosos caballos y carretas llenas de alimentos para compartir, como carnes, catutos, papas cocidas, tortillas de rescoldo, quesos de distintos tipos y muday.

Un grupo de hombres tomaron un cordero, lo botaron al suelo y le sacaron el corazón, luego lo lanzaron a la fogata y todos se encaminaron de a pie y a caballo hacia el mar, gritando para espantar al diablo. Entonces, con fuerza, arrojaron el corazón al mar.

De regreso, enterraron un pollo en medio de la cancha dejando fuera su cabeza, y con los ojos vendados jugaron a la chueca. La idea era sacarle la cabeza al pollo.

Al principio no comprendió el por qué de estas tradiciones y se sintió confundido, luego, y en futuros guillatunes aprendió a respetar las costumbres, a comprender el por qué de las acciones, y por sobre todo a comprender que Dios es uno sólo y para todos.

Los espíritus

Yenifer Vásquez Aburto.

Vienen de arría bajando, persiguiendo un chamanto negro, vienen en ayuda de la noble mujer de piel negra, que lo ha ido a buscar, para salvar a su pueblo. Se hace llamar Papay machi y con el poncho arrastra la carga, de su gente y de su tierra. En la aldea se escuchan los rumores de que un Chachay Peñi ha caído muy enfermo. La machi ha ido buscar ayuda, hasta con los espíritus negros, ha hablado con huincas y no ha encontrado remedio, por eso ha subido al monte a buscar paz, para pedir ayuda y sanar a la pobre alma que espera un consuelo. Ahí en el monte a solas, invoca a sus dioses y le pide con gran Fe, por la ayuda para guiar la aldea:

Madre tierra que me escuchas

ayúdame a tener visión

para guiar a mis chachay peñis.

Necesito fuerzas de ma' adentro

y que me consueles

cuando no tengo más sustento.

Manda a tus espíritus nobles

que me levanten cuando esté decayendo,

que ayuden a mi pueblo

a seguir su camino sin perder lo que es nuestro.

Ayúdanos a que saquemos fuerzas de donde no sabemos que tenemos.

Te imploro Madre que sanes a todo tu pueblo.

A mi tierra…

Yenifer Vásquez Aburto.

Me acarició la suave piel de tus tierras,
Araucanía mía,
tus fértiles tierras
dieron vida a mi insomnio eterno;
Me bañaron tus ríos que con sus brazos;
me acogieron y me refugiaron.
Hoy, no puedo comprender,
que tus hijos, los que tú criaste,
se empeñen en tu vientre destruir,
No puedo comprender querida;
la maldad del hombre,
fiereza de su ambición.
Tanto, que están dispuestos a vender,
su sangre, su gente, su tierra y su nación,
por aquel papel de colores
que con el tiempo sólo acarreara perdición.

Copihue…

Yenifer Vásquez Aburto.

Les contaré la historia del copihue,
la única flor que tiene una leyenda,
leyenda que hoy cuento yo;
Contaban mis abuelos,
la bella historia, de dos guerreros,
que no luchaban por tierras ni dominio,
sólo querían paz y felicidad para sus dos tribus.
Cuenta la historia que pertenecían a tribus distintas,
aunque eran almas gemelas,
dos palabras escritas con la misma tinta.
Cuentan que sus padres eran jefes de cada respectiva tribu,
cuentan que se odiaban a muerte
que su odio era tan fuerte
que prometieron que si sus hijos se amaban
se ganarían la muerte.
cuentan que los jóvenes se escaparon para vivir su amor
cuentan que los mataron, que les arrancaron el corazón.
Cuentan que murieron juntos y su último latido fue a un mismo son.
Cuentan que al otro día, ahí mismo nació una flor,
una flor roja, más que la sangre de cada corazón.

Cuentan que se debe a la sangre mapuche, la que destila pasión, y cuentan que cada vez que un rojo capullo se abre renace aquel apego, resurge la esperanza y florece un nuevo e imposible amor...

Azul

Mariori Bravo Contreras.

Desvió su mirada hacia algo que creía haber visto. <<No es nada>> se dijo en su fuero interno y siguió caminando.

Para empezar, su nombre era Lucia, porque según su madre, ya muerta y enterrada bajo la misma tierra que aquella criatura pisaba, le recordaba a un piedra preciosa el día en que nació en especial al lapislázuli, por sus fugaces ojos azules que abrió al mirarla por primera vez, ojos bellísimos y llenos de vida, vida que por algún motivo se nublo convirtiendo aquella mirada digna de ser comparada con el agua, más pura y cristalina, en un par de verdades grises y acusadores que hoy en día son sus ojos, a su padre, Nahuel, siempre le entristeció que su mirada se destiñera, pero nunca lo demostró y se guardó aquella decepción hasta el día de su muerte. Lo que su padre nunca dudó en ocultar fue que no olvidara sus raíces, que el tiempo no borre en su memoria su origen a través de su madre, que era una alegre cocinera francesa, radicada en chile, y a través de su padre, un orgulloso hombre de un pueblo digno de ser llamado valiente y luchador como es el pueblo mapuche. Su padre le decía cada vez que podía <<Hija mía, si olvidas tu raíces, olvidarás quien realmente eres y nunca podrás saber aquello>>. Pero claramente, a ella no le importaba demasiado eso, era sólo una niña pequeña, lo único que le importaba era cuando su madre avisara si la comida estaba lista para correr a la gran, y ya no existente casa de adobe, el aroma de la hierba fresca, el cálido resplandor del sol al finalizar su obra cada tarde, sus amigos tomándola de la mano, revoloteando y saltando por el verde pasto bajo un sauce llorón que los protegía mientras disfrutaban de los cortos días y las largas noches por la impaciencia de volver a jugar.

Lucía ya no era una niña, tampoco era muy adulta, era simplemente una novata en su medianamente corta vida, era una adolecente. Caminaba sola, mirando sus pies descalzos y recogiendo piedras para tirarlas a quien sabe dónde. Ella era una criatura especial, al menos eso creía su padre, y nunca supo por qué motivo creía eso.

Era el equinoccio de primavera y ella disfrutaba los primeros rayos de sol que la iluminaban, cerró los ojos e inspiró profundamente llenando hasta el límite sus pulmones de aire. A ella le encantaba sentir aquella sensación de relajo cuando hacía eso. Ella no se sentía atraída más que por la naturaleza, se sentía un millón de veces más mapuche, que otra cosa, y sentía pena por eso, ya que pensaba que su madre se decepcionaría. Sabía prácticamente todo sobre leyendas, pero nunca las creyó, cosa muy extraña porque, cuando se las contaban, escuchaba aquellas voces creando magia y sus ojos grises se iluminaban hasta tal punto que todo el mundo pensaba que ella lloraba, cuando en realidad, ella simplemente quedaba fascinada por todas aquellas historias. Aunque se imaginara todo sobre lo que le contaban, nunca se convenció de que existan, era todo... como una falsa creencia en aquello, y no temía no creer, porque así pensaba, que no correría peligro alguno.

Por la mañana, Lucía tomó sus libros y su bolso de género para salir bien temprano de la casa de su tía Ana, rumbo al colegio. A ella se encantaba su escuela, más que estudiar le gustaban dos cosas: la primera, era la interminable cantidad de libros que estaban sin un solo rasguño en la biblioteca, y la segunda, que, como bien sabía, era una muchacha lo bastante atractiva, con su bien formado y ágil cuerpo, su piel trigueña de un liso perfecto, sus exóticos y muy particulares rasgos, su largo, voluminoso y alborotado cabello color ocre, sus labios pequeños y de un rosado un tanto grisáceo, que junto con sus grandes ojos y su habitual cinta opalina en el cabello hacía de ella, una maravillosa obra de arte humana y en absoluto no se avergonzaba de ello, porque amaba que la mirasen y que nunca se cansaran de verla como algo nuevo y amaba, sobre todo, adoraba sentirse deseada e inalcanzable para todos. En ese sentido, era una chica muy vanidosa y consentida ante cualquier persona.

Lo habitual de las tarde era penetrar aquel bosque fuera de su colegio, y al adentrarse, disfrutar el denso aire que otorgaban los musgos para, luego, llegar a una pequeña pradera, donde se sentaría y meditaría todo lo que quisiera.

Faltaban unos cuantos metros para llegar a su destino cuando un estruendo sonó tras suyo. Giró sobre sus talones, un poco asustada y se relajó al ver el sofisticado paisaje verde que le brindaba el bosque.

<<Y nuestro amor se consume,

como fuego y pólvora,

mientras me besas con pasión

y su cuerpo me provoca>>

Ella no tenía ni la más mínima idea alguna de por qué decía cosas semejantes <<seguramente me he puesto nerviosa y necesito distraerme>> se tranquilizó. Una extraña neblina se levantó agresivamente. De pronto, oyó una rama quebrarse y se alteró, y su cuerpo fue envuelto en un instante por el frio de un viento aterrador, miró sobre sus hombros, nada. Al darse vuelta, gritó secamente:

-¡Oh, mi Dios!... ¿¡Quien rayos eres tú!? – preguntó, percatándose, de que el cielo oscurecía más rápido de lo normal y la neblina se ponía cada vez más densa. Miró a aquella persona parada a centímetros de ella. Era, aproximadamente, de su misma edad, poco más. Sus ojos eran oscuros, casi negros, y tan grandes, que dejaba poco espacio blanco en su interior, su piel resplandecía en la obscuridad, blanca como el marfil y brillante como un diamante recién pulido, vestía de negro, completamente, pero, el color de sus ojos era mucho más oscuro que su ropa, esta erguido, con los labios levemente separados y de un rosa pálido que reclamaban lugar en su rostro. No era aterrador, << ¿Es correcto que lo encuentre atractivo?>> se preguntada Lucia, sonrojándose por pensar algo así.

-¡Contesta!, ¡Te he hecho una pregunta! – protesto Lucia.

-Soy un Ngen-Ko – Su voz seductora turbó a Lucia pero esta se mantuvo fuerte.

Ella estaba segura de haber escuchado aquel terminó, pero le fastidiaba el hecho de no acordase.

El joven se acercó a besarla con sus suaves y húmedos labios, ella cerró los ojos y al tocar sus labios lo sintió nada. Simplemente quedó allí, sola y con el sol sobre ella, como si el tiempo no hubiese pasado.

Al llegar a su casa, Lucía no comió ni bebió nada, era viernes y por suerte aquel agotamiento mental la hizo acostarse temprano sin preocupaciones por el día siguiente. Se puso casi todas las frazadas de lana de oveja que tenía y aun sentía frío, leyó para que le diera sueño y ni siquiera un bostezo. Estaba tumbada, con la vista fija hacia el techo color beige de su dormitorio. Se sentía vacía, como si aquel beso le hubiese tocado su alma, << ¡Y eso que había besado antes a otros muchachos!>>, pero este, este no era un joven común y corriente, y Lucia aun no lograba saciar la sed de su ignorancia.

Pasó un mes desde aquel beso y ella un no encontraba explicaciones lógicas frente a su comportamientos, ¡No dormía hace un mes! Y tampoco se había atrevido volver al prado. Hasta que un día, decidió quedarse allí, a ver que podría pasar.

Nada

<<*Busco, en el fondo de mi alma,*

una explicación convincente,

mientras te oigo en el viento,

y acercas mi muerte.

Dónde puedo encontrar mi ser,

que creo que lo he perdido,

siento que mi cuerpo se marchita

porque tus deseos no he cumplido…>>

La joven, siguió pensando aquellas frases nunca antes leídas, escuchadas o pensadas porque creía que pasaría algo malo en el bosque y quería estar tranquila para enfrentar aquel desconocido futuro.

<<*… ¡Que he hecho!*

¡Oh, Dios mío!

Perdí mi alma, ahora mi cuerpo

¿Por qué reclamas algo que es mío?

Seguramente porque soy un vil títere

que tu juego ha seguido

y me he negado seguir en tu obra

por querer ser de mí, digno.

Pusilánime, he de ser yo

y me culpo en estos versos

por la mujer que he perdido

la musa de mi obra

la mujer de mi vida

a quien yo maté con mi miseria

a quien yo marchité su vida.

Y después de renunciar a ella

renuncio, Señor, a ti

me has robado lo que me queda

por ser un hiriente sin fin.

prefiero que ella hubiese amado a otro

para así verla sonreír,

y no haber vivido esta miseria

a la cual yo arrastré por ser así.

Por ser un hombre

que se ahoga en su nombre,

nombre que no me define

sino ¿por qué este nombre?

Era ya de noche, y Lucia se impresionó por aquellos versos que a ella le parecían sin sentido. Ese día, no había pasado nada, y muy decepcionada de ello, se marchó a su casa.

-¡Ngen-Ko! – Gritó la adolecente, era la primera noche que había dormido, desde hace un mes - ¡Espíritus protectores de la naturaleza!... ¡Eso era!

Sus tíos se habían alegrarlo que ver sus inocentes ojos llenos de brillo otra vez. Había pensado seriamente llevarla a un psicólogo hasta ese día.

...Según los mapuches, son espíritus protectores de la naturaleza (Ngen), siendo dueños de las aguas. Se representan como toros, caballos, zorros o como densa neblina...

Lucia estaba intrigada aun con lo que le había sucedido, y lo único que le entregaba una respuesta era la información sobre la densa neblina, <<pero, y ese joven... quién o qué era...>> Lucia frunció el entrecejo y continuó leyendo. Estaba ya oscuro cuando salió del gran salón con libro y bolso en mano, sin haberse convencido de que era un Ngen-Ko, investigó todo lo que pudo siendo cada vez más persistente, hasta que después de una semana se rindió.

Lucia caminaba rumbo a la pradera con la esperanza de que ocurriera algo.

<<*La verde hierba,*

cubre mis sentidos,

la hermosura del sol infinito,

me causa delirio,

y aquí estoy,

un corazón medio herido,

luchando con su mente,

luchando por sí mismo>>

Lucía ya acostumbraba a citar verbos desconocidos, y le gustaba tanto que los escribía una vez memorizado.

De pronto, todo el suelo que pisaba se convirtió en un rio caudaloso, y allí, un cuero flotaba por al lado suyo, acto seguido, una mujer pasó orillas del rio, convulsionando de un frio que congelaba su cuerpo y pintaba sus gruesos y delicados labios de púrpura, pensando que el cuero lo abrigaría, ésta se lo puso, y Lucia le gritaba: << ¡No se lo ponga!, ¡No lo haga!>>.

La pequeña, comprendió que no la escuchaba y trató de correr y detenerla, pero algas marinas sostenían sus joviales piernas, tan fuerte que con cada intento, su piel resultaba con más rasguños. El cuero atacó a su víctima y ésta desapareció frente a los ojos de Lucía.

Allí, después de un breve lapso de tiempo, un ave acuática volaba sobre el rio. Intentaba buscar algo, y llamaba fuertemente a alguien, Lucia sin razón sabía todo aquello, el ave fue un Ngen-Ko que se había enamorado de una joven, ahora pasó de ser un espíritu de la naturaleza a una Huala. Una bellísima muchacha se arrodilló frente al rio y extendía su mano hacia el ave, la criatura se acercó y la mujer cayó al rio. Sin luchar se hundió en el fondo del mar. El ave se marchó y nunca más volvió.

Lucía se limpió las lágrimas de los ojos y al abrirlos, ya estaba en otro lugar, como un desierto, y desde arriba vio un espíritu que vivía en el aire, aplastando a los rebeldes de menor poder convirtiéndolos en montañas y volcanes, a los arrepentidos en estrellas y todo empezaba a tomar forma. A un hijo suyo lo transformó en hombre y la madre, triste por su solitario hijo convenció al espíritu poderoso que de una estrella formara a su acompañante, amiga y fiel compañera, la mujer, que pasa que al caminar hacia él no se lastimase, creciera el pasto, que luego se convertiría en una gran selva, en la noche la madre, la madre mostraba su rostro pálido, que era la luna.

-¡Eso es!, todo esto es una ilusión – Lucía cerró los ojos para despertar y sintió que dos culebras rodeaban sus piernas heridas, una era Treg-Treg, quien le advertía sobre algún hecho próximo, y la otra Caicaivilu quien simplemente intentaba apretar más y más su pierna.

<<Treg-Treg anuncia el peligro y Caicaivilu provoca el diluvio>> comprendió Lucia. Pronto, empezaba a llover inundando el lugar donde estaba parada. Asustada, Lucia intentó huir, pero siendo esto inútil dejó que el agua llenara sus pulmones y la ahogara hasta la muerte.

Todo había terminado, pero ella no estaba muerte, ella nunca tuvo un libro, ella nunca volvió a casa después del beso que aquel bello desconocido, ella nunca dejó de dormir un mes, ella solamente había tenido una larga visión a través de aquel beso que recién había terminado.

Creyó que podría haber pasado quizás mucho tiempo desde el inicio de aquel beso, pero duró sólo un minuto, mágico y revelador. Miró, tratando de penetrar, los ojos negros del muchacho, y presenció que empezaban a hacerse cada vez más diminutos dejando más espacio blanco en el interior de sus ojos, hasta llegar a la normalidad. Se inclinó hacia ella e hizo una reverencia, retrocedió, tres pasos, dio media vuelta y se marchó sin decir nada.

La pequeña nunca entendió lo que pasó aquel día, y no se molestó en averiguarlo. EL resto de sus días recordó la tarde del beso y quien se lo dio. Continuó caminando por su vida, siendo feliz y queriendo una prospera vida, sin dinero ni materialismo, porque lo que ella tendría valdría más que eso: ella tendría un amor, tragedia, superación, orgullo y a la madre tierra que la acompañaría por el resto de sus días.

<<Bebo el vino de sus labios,

siento el aroma de su cuerpo,

añoro la seda de sus cabellos,

que todavía yo siento,

desearía, tener mil vidas más,

para dárselas todas,

y enamorarle en cada día,

sin engaño ni lujuria,

y que el amor nos consuma,

y que los arboles nos cuiden,

y que su cuerpo rodee el mío,

que sus ojos siempre me miren.

Me desespera no poder sentir tu esencia,

porque es mi esencial perfume,

porque sin ti me siento

como un cielo sin nubes,

como un bastardo sin remedio,

como un corazón sin alguien por quien luche

como una rosa en un desierto,

sin alguien que la ayude.

Pero pese a que no tengo esperanza,

hay algo a lo que no renuncio,

creo en ti y en mi entorno,

creo en mí en mi futuro

Y así, terminado la última hoja de su cuaderno, Lucia cierra cuidadosamente su preciado tesoro, esperando algún día mostrarle a alguien, las pequeñas ocurrencias de su mente, y las aventuras de su corta vida. Camina hacia una ceremonia mapuche y oye los cantos llenos de esperanza y alegría, al llegar ve unos instrumentos muy conocidos, y muy familiares, quizás bien parecidos a Treg-Treg y Caicaivilu, cumpliendo la voluntad de algunos espíritus Desde el beso de la inolvidable tarde sus ojos milagrosamente, volvieron a ser de un azul sincero y profundo, y su mente, cuerpo y alma se llenaron de una cosa, El simple hecho, de Creer.

Ngen-Ko

Mariori Bravo Contreras.

En Chile, a orillas de una gran montaña, llena de blanca nieve y verdes adornos de pasto, vivía una mujer, ¿Por qué vivía? Eso ha de ser explicado después. Se llamaba Keira, era de esas muy difíciles de encontrar. Era, como todas las demás, pero algo la hacía diferente y muy especial. No porque fuese indígena, si no porque cualquier persona que la viese, quedaba encantado por su belleza. Por ese motivo, la casaron con un hombre que vivía allí, a orillas de la gran montaña, para que la tuviese en casa y no corriera peligro de que hagan daño. Pero lo que no sabían los padres, era que José Miguel, su esposo, la maltrataba. Le pegaba por todas las partes, las cuales, se cubrirían con las delgadas prendas de la pobre mujer. Un día, un joven cartero llegó a la aislada casa a entregar una sola carta. La mujer se hallaba sola, con sus ojos empapados de lágrimas espesas y saladas. Asustada, abrió la puerta y recibió la carta. El joven impactado por nunca haber visto una mujer tan hermosa, no quiso retirarse y rogó tomar el té con el bello ángel parado tras el umbral de la gran puerta color cerezo de la enorme casa. En un impulso el joven la besó antes de salir y la mujer, sin decir nada le cerró la puerta. Varios días pasaron que ella no lloraba, y era por haber recibido el beso de otro hombre. Deseaba tanto eso, pero no le bastó para enamorarse del joven. El esposo, enterado de lo sucedido, mató al muchacho y amenazó a la esposa diciéndole que si besaba a todos los hombres de la ciudad mataría a todos, incluso si besaba a su padre.

Keira, sin más remedio, rompió en llanto todos los días que estaba sola. No volvió a acercarse a la ventana a mirar los copos de nieva que descendían desde el cielo hasta desvanecerse antes de llegar al suelo. Miraba la televisión, tejía, comía y dormía. No hacía nada más que eso, ni siquiera sostener una relación conyugal con su esposo.

En la mitad de la noche, a principios de junio, el frio era insoportable, y la neblina cubría todo los caminos posibles. Keira, cubierta de tres mantas hechas de lanas de oveja y al atravesar la línea que separaba el infierno de la tierra, emprendió su viaje fuera del hombre que la retenía, sin miedo a su extrema hermosura, que podría ser realmente peligrosa.

Allí, conoció un gentil hombre llamado Alonso, trataron de huir lo más lejos posible de la bestia que se hacía llamar su esposo, tuvo un hijo, el cual amó más que a su propia vida. Era tan feliz por primera vez en su vida que no deseo nada más que pedir que aquello durara lo más posible. Se protegió lo más que pudo de todo lo que pudiese herirla a ella y a su amada familia, hasta que un día, mientras buscaba con su hijo, maqui, para llevar a su preciado hogar, Se dio cuenta que la montaña estaba demasiado cerca del sol, situación no tan preocupante para una persona sin creencias. Y pasó lo que ella temió, no era su antiguo esposo, era

Ng'nechen, y ella sabía lo que pasaría. Según cuenta la historia, que se halla en el sol, viviendo en las alturas, en las regiones azules, es hombre y mujer a la vez. Desde las alturas, ve todas las cosas, gobierna la vida y la muerte y venía a reclamar la vida de su hijo. Ella gritó y rogó a Ng'nechen que la llevara a ella en vez de su hijo. Él asintió y se la llevó dejando el canasto de frutos silvestres botado en el suelo. El hombre, lloró y lloró todas las noches recordando la imagen de su amada, pero trató de brindarle todo a su hijo Hernán, el recuerdo viviente de su bella madre.

Esta historia, no se hubiese contado sin un narrador libre de la ignorancia de los hechos, hechos vistos y vividos por mí, el hijo de la mujer más bella que haya pisado la tierra. El hijo de Keira, y Alonso. Hernán.

La princesa y la adivinanza

Mariori Bravo Contreras.

Conocí a Luís, verdaderamente, en una tarde de diciembre, mientras estaba evaluando a mis alumnos, Luis era uno de ellos. La tarde estaba desquiciadamente agradable, cálida, con el sol escondiéndose entre las montañas, con el viento azotando las hojas de un verde tan fresco que daban ganas de arrancarlas. La mitad de los alumnos no había regresado a la evaluación desde la hora de almuerzo, yo tampoco habría vuelto, pero tenía responsabilidades como profesora. Mi sueño era desde un principio escribir, y lo hice, publicando con éxitos algunos libros, pero luego de ver a una niñita sin saber ni leer ni escribir aun teniendo la edad, decidí entregar todo lo que sé a los niños, sin preocuparme que me agradecieran terminando en esta escuela. Donde trabajaba era una escuela bien grande, limpia y bien mantenida, con el suelo de mármol liso hasta más no poder, y el techo muy parecido al de la capilla Sixtina, con un suave gris que se esfumaba causando una ilusión de estar perdiendo el color cada vez más, en un pueblecito bien sano y agradable, con las típicas señoras hablando demás, con los pequeños andando en sus bicicletas, y las niñas saltando la cuerda hasta que se cansaban. Amé este pueblo cuando llegué, y me quedé, renunciando a todas las comodidades de Santiago, cosa de menor importancia para mí, hasta ahora.

Había terminado de pasar la lista de los alumnos, el bullicio se transformó en murmullos mientras me concentraba en firmar el libro de clases, hasta que una bolita de papel llegó a mis pies, me sobresalté, dejando la sala en completo silencio, y luego empecé mi clase. Algunos leían libros, otros estaban pasando cartitas de un lugar a otro, otros estaban mandando mensajes de textos o qué sabe Dios qué otras cosas de esos aparatos. Escribí mis objetivos de la clase y tragué una gran bocanada de aire para que mi voz sonara segura y giré sobre mis talones.

-Bien... supongo que han de recordar que hoy es la evaluación de sus trabajos, supongo que trajeron las historias mapuches... – levanté una ceja y todos habían abierto ya sus cuadernos con sus escrituras en mano. Me fijé en una de las especiales personitas de la clase, una muchacha más bien callada, menuda, y de ojitos verde oliva. Se encontraba cabizbajo en su pupitre con una actitud que yo conocía muy bien, porque la adoptaba a la perfección para que mi profesor no me escogiera en algo – Renata – me arrodillé frente a ella sin querer asustarla, y ella se encogió de hombros como cuando una tortuga quisiera entrar en su caparazón – Querida... ¿tendrías el honor de leernos algo? – yo sabía que aquella niña tenía un potencial sin descubrir, y quería explotarlo como las minas vírgenes. Unos ojitos bien abiertos, sentí cuando la niña se levantó. Era Luis, con una media sonrisa en su rostro y sus ojos bien abiertos e ilusionados al ver cada movimiento de aquella dulce niña.

-Cuento del rey que no resolvió la adivinanza: Hubo una vez, un rey que tenía una apuesta, al que le contara una adivinanza, si no le adivinaba, le daba a su hija, de lo contrario, a quien le contase, y la adivinara, lo descabezarán. Un jovencito le dijo a su madre: "échame la bendición; armando me voy donde el rey a contarle un cuento" y la madre de dijo: "¡Que vas a contarle un cuento, el rey te va a descabezar!" y partiendo con su yegua llamada Paulina se fue camino hacia el rey. Al llegar, después de varias hazañas le dijo: "Paulina muerta mató a tres, y tres mataron a siete, dos andando y dos acompañados; maté al que no vive; comí carne no nacida asada en palabras, qué le parece, señor rey" le dijo, y el rey no adivino la adivinanza que el joven había inventado a base de su propia experiencia y sigue casado con la hijas del rey hasta hoy en día.

Todos, como saliendo bruscamente de la historia, aplaudieron a Renata. Ella roja como tomate, se sentó y con gusto avancé hacia Luis, pero él se me acercó y susurrándome al oído me dijo:

-Señorita Van Claude, no la he hecho. Perdóneme, pero deme una oportunidad, no la defraudaré.

Nadie me había llamado así, el niño era demasiado humilde, respetuoso y sacrificado que habría sido imperdonable otorgarle otra oportunidad. Él tenía algo angelical en su rostro, algo que me enamoraba, no sabía si eran sus cabellos oscuros, o sus ojos rodeados de larguísimas pestañas, o sus pequeños labios esperando sonreír, o el hecho que se su alma pura y blanca se veía reflejada en su piel. Había conseguido una beca en el colegio, yo conocía a su padre, un hombre honesto y sufrido, lo decidí ayudar cuando supe que pequeño, que en ese momento leía una libro de Shakespeare, viejo y con algunos trozos podridos y gastados, sentado en las puerta de su casa. Le conseguí la beca y le ayudé. Lo quería como a mi propio hijo, pero nunca se lo demostraba. Sabía que iba a llegar lejos, al igual que todos los que estaban sentados en esa sala.

-Dámelo – pidiéndole su cuadernillo un poco desteñido y escrito por todas las partes blancas para poder ahorrar hojas y no pedirle a su padre otro, aunque este último si le alcanzaba. Tenía la misma historia que Renata, y yo fingí no haberla encontrado, para poder ver si su corazón se llenaría de escribir

-Bien, te daré una oportunidad, la anunciaré a todos a final de la clase – le devolví el cuadernito y continué con otro niño. Anunciando que los que no habían traído su historia, tendrían que escribir cualquier otra cosa.

A la mañana siguiente, Luis pasó al frente de todos y abrió una hojita que guardaba en su bolsillo de su pantaloncito recién planchado.

-Bien, señorito, el público es todo suyo – tomé mi lápiz y mi libro para firmar, y con los lentes puestos dejé que el señorito, como acostumbraba a llamar a mis alumnos, grandes y pequeños, hablase.

-Escribí un poema, profesora, lo inventé yo – su voz se quebró y aclarando su garganta, tomó aire y continuó:

-Se titula:
Carta a mi espejo, a mí amada, a mi reino.

Escribo esta carta,

porque de hablarte no puedo,

primero a mi espejo,

porque aún no me veo,

si no que veo, a un hombre acabado

sin brillo ni opaco,

con hombros cansados,

y cuerpo derrotado,

tú, mi espejo

tú que has visto lo que he hecho,

he dejado que se vaya,

cuando por egoísmo,

mal le he hecho.

Y si he llegado a esto,

a usted también, es este lamento,

mi vida, cómo lo siento,

dejé que te ahogaras en tus ojos,
llorosos, dolorosos y soñolientos,
y tus manos, llenas de talento,
han perdido gracia,
por acariciar, mi cuerpo,
y así, llegas exhausta,
por tanto mal que te he hecho,
y vuelves a lo tuyo,
como yo a mi reino.
He llegado,
a lo último de mi carta,
mi último delirio,
mi último lamento,
el reino, el pueblo,
mi pueblo, mi reino,
mi pueblo, ha creado un ser,
un ángel, un demonio,
y con tus largos brazos,
llenos de pura agua,

y tus abundantes cabellos,
llenos de musgo,
y tus adorables ojos,
los ojos de mi reino,
reino que me contuvo,
reino que la contuvo,
reino que lo contuvo,
a mí, a mi egoísmo,
a mi vida, a mi doncella,
a mi espejo, a mi reflejo,
y ahora sufro,
porque no tengo fiel reflejo,
porque luché por ti mi amada,
y terminé dañándote por dentro,
y ahora no te tengo,
no tengo el perfume de tu cuerpo,
ni el algodón que te cubre,
blanco, suave, seductor,
y lloro, porque he de traicionar a mi pueblo.

Sólo por ella, olvidé mi reino,

y ahora estoy sólo,

lleno de lamento,

no te tengo a ti,

reflejo,

no te tengo a ti,

amada de mis recuerdos,

no me tengo a mí

ni mí a mi espejo,

y te he perdido a ti,

mi reino.

La campana, había sonado, hace ya diez minutos, y todos, sobre todo yo, nos sumergimos en sus palabras, como una especie de hipnosis. El lápiz que sostenía, había rayado todo el libro de clases y mi muñeca izquierda me dolía de tanto sostener mi cabeza. Me percaté de que Renata lloraba, y le sonreía a Luis. Este se sonrojaba y le sonreía a ella, y yo orgullosa, terminé el día sin más que decir.

Nunca me detuve en pensar que tanto se podían amar dos personas tan jóvenes como lo hacían Renata y Luis. Sólo creía que eso ocurría en las novelas. A la salida, ellos, asustados, se tomaban de la mano. Un día, de curiosa, los seguí, esperaba un beso, o algo así, pero no hubo más que meditaciones, que por hermosas, me dejaron con ganas de más. Un día el padre, fue a la casa del hombrecito a botar todo el material de trabajo del padre, Don Ernesto, el padre, no hizo más que ordenar, mientras que el que Don Ricardo, que le iba muy bien el nombre, le iba, sin justificación de su repugnante orgullo por dejar miserable a alguien sin merecerlo.

Renata, no apareció a la mañana siguiente, Luis lo hizo, con los ojos llorosos. Después de clases le pedí que se quedara para hablar con él.

-Qué pasa mi niño, ¿has tenido buenas nuevas de Renata?

-No señorita Van Claude, sólo sé que la amo. Y que ese poema, que le regalé, su padre lo destrozó.

-No te rindas nunca, eso es lo peor, mi pensamiento es, que es peor, salir a mitad de una guerra que estás perdiendo, que haberla terminado dignamente sin rendirte, aunque hayas perdido. Hay muchos pros y contra en esta analogía, pero, cariño, eres joven, y no quiero que quedes con una sensación de arrepentimiento por no haberlo intentado.

El niño me miró ilusionado, y sonrió, me tomó la mano y me tiró hasta su casa.

Toqué la casa de Don Ricardo y una sirvienta me abrió

-¿A quién busca la señora? – sus ojos medio ocultos por las arrugas y los párpados caídos

-Al Señor Heinrich – imitando a la madre del muchacho

El joven, al aparecer el señor, no se intimidó como lo hice yo, sino que bien erguido, se situó frente a él, y pidió pasar. Yo sorprendida intenté escuchar por las gruesas paredes de piedra caliza. Lo único que escuché fue al padre de Renata decirle: "Dime, pequeño bastardo, una razón por lo menos, para convencerme del hecho de no acabar a tu familia y ti", después de eso, el intento fue inútil, en vano, y me senté cerca de la casona a esperar. Al abrirse la puerta, salieron dos figuras gloriosas, e inseparables por un pequeño lazo físico, sus manos. El hombre de atrás, don Ricardo, boquiabierto, en el umbral de la puerta de su enorme casa, los dejó marcharse. Ambos me abrazaron y yo los abracé como si hubiese sido mi obra maestra.

Fue como si la historia del rey que no pudo resolver la adivinanza del humilde hombrecito se hubiese hecho real. Aunque nunca supe qué le dijo Luis al señor Heinrich.

Desde ese día, como el muchacho, con la princesa, ellos, Luis y Renata, se mantuvieron juntos hasta ahora. Y yo, vieja, y con mi vida llena de orgullo, y mi esposo y mis hijos, recordamos aquella bella historia mapuche en este pequeño pueblo, donde los años pasan lentos y placenteros, llenándonos siempre, con la recompensa del ingenio y esperanza que nos dejaron esta bella pareja. Que se marchó hace años, dejando una legado que promete ser antiquísimo y valioso, como el legado mapuche.

www.ingramcontent.com/pod-product-compliance
Ingram Content Group UK Ltd.
Pitfield, Milton Keynes, MK11 3LW, UK
UKHW020240250726
13967UKWH00001B/478

9 781312 465084